AF230011

COBLENTZ,

ROME ET LES CHAMBRES.

IMPRIMERIE D'HIPPOLYTE TILLIARD,
RUE DE LA HARPE, N° 78.

COBLENTZ,

ROME ET LES CHAMBRES,

ou

L'Intrigue est à bout.

La justice divine est quelquefois tardive ; mais enfin
elle opère. Une pierre lancée à propos brisera le colosse
à la tête d'or et aux pieds d'argile.

Mathieu LAENSBERG. *Prédiction pour mars 1830.*

La liberté peut-elle, oubliant ses complots,
Aux bras d'un Polignac connaître le repos ?
S'allier à Bourmont c'est renier nos gloires,
Jouir de nos revers, outrager nos victoires.
. . . .
Qui siége avec un traître est prêt à l'imiter.

M. VIENNET, *Épitre à Charles X.*

PARIS,

CHEZ LES LIBRAIRES DE LA NOUVEAUTÉ.

Mars 1830.

COBLENTZ,

ROME ET LES CHAMBRES,

L'intrigue est à bout.

—

Quelles que soient les bases de l'opinion politique dominante chez un peuple, les heurter c'est appeler la perturbation dans l'État. Le sentiment qui s'empare alors des esprits se communique avec la rapidité de l'incendie, et devient un fanatisme qui s'exaspère en raison directe des obstacles qu'on lui oppose. Plus on cherche à lui imposer silence, plus il fait d'efforts pour se montrer ; plus il compte de victimes, plus il trouve de prosélytes. Tôt ou tard, comme un torrent grossi par les orages à mesure que se sont élevées les digues destinées à le maintenir, rompt ces digues éphémères et se précipite avec fracas dans les campagnes qu'il couvre de débris, l'opinion se fortifie des entraves qu'on lui met, et au jour marqué, brise ses chaînes, et règne à son tour après avoir marqué la trace de ses pas victorieux par quelques jours de deuil. L'histoire est là pour nous donner mille exemples de cette terrible vérité.

Puisque les incorrigibles nous y obligent, rappelons en peu de mots le souvenir d'une époque dont ils s'obstinent à mépriser les leçons.

L'Angleterre avait appelé Charles II à remonter sur le trône; elle le croyait attaché à la cause qui avait amené le règne de Cromwel; elle l'accueillit avec l'enthousiasme de l'amour, et tant qu'il respecta cette cause, aucun sacrifice ne parut trop lourd au peuple anglais pour témoigner à ce monarque combien il était cher à la patrie.

Mais on reconnut plus tard que les faveurs, l'estime, la considération du prince, étaient réservées à quelques courtisans qui partageaient ses goûts, tandis que les amis de la nation végétaient isolés ; on s'aperçut que des conseillers perfides, de lâches flatteurs, étaient parvenus à entraîner Charles dans une voie contraire à celle qu'il avait juré de suivre ; alors la confiance s'évanouit, des résistances s'organisèrent. On remarqua les pro-fusions de la cour; elles ramenèrent dans le sou-venir l'administration, les brillantes victoires de l'usurpateur; on murmura. Poussé par les cour-

tisans qui l'obsédaient, influencé par son frère
entièrement dévoué aux Jésuites, Charles appela
dans ses conseils des ministres tels que jamais l'Angleterre n'en eut de plus nuisibles à la chose
publique. Ce furent: Cliffort, Ashley, Buckingam,
Arlington et Landerdale, stigmatisés du nom de cabale, expression qui, formée des initiales de leurs
noms, serait encore une injure à tous les ministères.

Les premiers actes de ces hommes abhorrés de
l'Angleterre, furent une alliance secrète avec des
nations rivales, une loi qui remettait en question
les principes de la révolution qui s'était effectuée,
des proclamations menaçantes contre la presse,
les droits du peuple, et les serments du trône.

Les murmures de la nation obligèrent cependant le monarque à convoquer le parlement, et la
session lui fit comprendre à quel point l'irritation
générale, l'indignation anglaise étaient portées.

On avait cherché à fausser les élections, mais
le cri de réprobation qui accueillit les faux élus,
fit justice de cette mesure illicite. Ceux-ci n'o-
sèrent pas même braver l'orage de la vive opposition qui se manifesta contre eux.

La faction recula devant cette première victoire
des communes; les déclarations menaçantes furent rétractées, le souverain fut obligé de renou-

veler ses promesses , et le fameux acte du test qui
a maintenu si long-temps les catholiques dans
une sorte d'ilotisme , fut le résultat immédiat
d'une folle tentative de retour vers un passé que
la nation détestait. Le refus des subsides pour une
guerre entreprise , apprit aussi au ministère qu'il
devait gouverner dans le sens de l'opinion dominante. Il obéit , et ce changement ramena les
cœurs vers la couronne.

La cabale qui vit ses espérances menacées , se
ménagea une retraite honorable ; Ashley et Buckingam se jetèrent dans le parti vainqueur ;
Arlington et Landerdale restèrent seuls en butte
au ressentiment national. Ils furent accusés , le
prince les abandonna , et la junte méprisable qui
avait formé le projet de renverser les institutions
du pays pour établir le pouvoir absolu , fut enfin
dissipée. A peine ce ministère fut tombé que l'Angleterre reprenant son rang comme nation , ré-
para ses désastres.

Cette leçon ne suffit point aux brouillons de la
cour. Ils ourdirent dans le secret les moyens de
ressaisir le pouvoir qui leur était échappé; de son
côté, la nation qui avait vu ses intérêts compromis,
nourrissait au fond du cœur une violente animosité
contre les favoris du roi, et pendant cinq années elle

abusa de sa victoire, au nom de prétendus complots
contre le trône et les libertés publiques. La délation
devint à l'ordre du jour, et des victimes couvrirent
les échafauds élevés à la haine populaire, parce
que dans toutes les réactions, rien n'est plus vrai
que ces mots : malheur aux vaincus ; parce que
dans toutes les réactions, le parti vainqueur dé-
passe toujours le but qu'il voulait atteindre.

Forts des excès populaires, d'imprudents conseillers engagèrent le monarque à dissoudre le
parlement et à s'en passer à l'avenir. L'orage était
passé ; mais les événements étaient récents encore.
Les favoris circonvinrent Charles et l'entraînèrent
à saisir la verge du despotisme qu'il n'abandonna
plus. La cour triomphait à son tour ; et abusant
également du succès, elle organisa un système
de terreur qui fit encore ruisseler des flots de sang
innocent, sous les auspices d'un monstre célèbre
parmi les juges iniques, d'un homme dont le nom
est l'exécration de nos voisins d'outre-mer, de
Jeffries, non-moins odieux que Fouquier-Tinville
au souvenir des peuples.

Trois années d'un despotisme affreux avaient
excité l'indignation générale, lorsque Jacques II,
imprudent conseiller de son frère, lui succéda.
Un parti formidable auquel les franchises natio-

nales étaient toujours chères, s'était sourdement formé, et malgré la chute de ses chefs, il en imposa tellement à ce prince, que celui-ci se vit forcé de faire des promesses avant de monter sur le trône. A peine y fut-il assis, que soumis aveuglément aux conseils de Jésuites fanatiques, il se fit une sorte d'ostentation de braver l'opinion publique, en renouant avec Rome des relations que le peuple abhorrait. De nouvelles conspirations éclatèrent; celle de Monmouth faillit allumer la guerre civile; mais la victoire de Sedge-Moor sauva l'Angleterre d'une conflagration subite, et les meurtres judiciaires de l'infâme Jeffries, prouvèrent à la nation sur quelles bases Jacques II avait résolu d'établir son trône. La cour jouissait de son triomphe; elle conseilla de répudier le parlement qui avait montré quelques velléités d'indépendance. Le monarque prêta l'oreille à ces conseils imprudents, et jetant le masque, il ne dissimula plus son dessein de gouverner despotiquement, et de soumettre de nouveau la couronne à la tiare pontificale. Cette conduite rallia les anglicans et les amis de la liberté; les évêques furent enfermés à la tour, le peuple s'exaspéra. Quelques mois s'écoulèrent; Guillaume apparut, et Jacques avait cessé de régner, sans qu'il trouvât le moindre appui au milieu de son peuple.

Dans l'aveuglement où l'avait maintenu le parti qui le dominait, Jacques II rejeta les avis du cabinet de Versailles sur l'invasion qui le détrôna, et repoussa comme inutile et sans but la médiation qui lui était offerte par Louis XIV, afin de le garantir des périls qui le menaçaient et que lui seul avec sa cour, s'obstinait à regarder comme imaginaires. Ce ne fut qu'en apprenant la nouvelle de l'approche des flottes de Guillaume qu'il ouvrit les yeux et reconnut enfin l'abîme où l'avaient plongé d'avides courtisans. Éperdu au milieu d'eux, il sentit qu'un seul moyen lui restait pour conjurer l'orage, celui de réparer ses fautes en revenant enfin à la franche exécution de ses serments ; mais il fallait réveiller la confiance du peuple avant tout. Il en fit l'essai en caressant la Hollande, en rétablissant les droits qu'il avait usurpés, en flattant les évêques qu'il avait persécutés, et l'opinion qu'il avait enchaînée. Ces concessions étaient trop tardives, on en suspecta la sincérité. La nation parut bien un moment indécise ; mais la désertion de lord Colchester suffit pour donner le signal de l'abandon le plus complet. Isolé au milieu de ses sujets qui le méprisaient, il se vit forcé de fuir sur une terre étrangère, avec la poignée d'intrigants qui l'avaient poussé sur la route funeste des coups d'État et de l'arbitraire, en faveur de quelques intérêts privés.

Quel génie malfaisant dicta donc les conseils dont le résultat envoya la malheureuse famille des Stuarts s'éteindre à Rome dans le cardinalat? La passion de faire revivre un passé qui ne pouvait plus revenir, l'avidité de quelques flatteurs ignorants, l'ambition d'une secte fatale à tous les puissants qu'elle parvient à circonvenir.

Pourquoi de pareils souvenirs au sein de la France, naguère encore livrée aux douces espérances d'un heureux avenir? Le 8 août 1829, les don Quichotes de Coblentz, et les adorateurs de Rome, se sont assis aux conseils du trône, ont pris en main le timon de l'État. N'est-il donc plus vrai que pour les monarchies, le plus grand péril est dans l'élévation de certains individus tellement compromis, qu'ils ne peuvent se maintenir que par les coups du désespoir?

La France veut le roi et la charte; elle répudie les chefs de cette coterie qui depuis quinze ans la menace de lui ravir ses libertés, l'accuse d'impiété et d'athéisme, parce qu'elle abhorre les Jésuites, de démagogie parce que les droits qui lui ont été reconnus par son roi législateur, lui sont

devenus chers, de sentiments hostiles à la dynastie
parce qu'elle méprise les valets de cour. Elle répudie une faction qui depuis quinze ans vocifère
que la liberté de la presse, la loyauté des élections,
la constitution franchement exécutée rendent impossible le gouvernement du royaume, une faction
qui se complaît à nous effrayer des projets sinistres
d'une autorité imaginaire placée au-dessus de tout,
et pouvant à son gré anéantir le pacte qui lie le
trône à la nation.

Elle règne au ministère cette faction funeste
qui nous étourdit de ses vœux liberticides. A-t-
elle oublié ses vieilles rancunes, depuis six mois?
Quels sont les conseils qu'elle a fait entendre à la
couronne durant cette époque? Négligeons, pour
un instant ses tentatives et ses menaces précé-
dentes : écoutons ses organes habituels dans leurs
aveux naïfs :

« Plus de transactions avec les principes de la
» révolution, s'écrient-ils, plus de concessions
» aux rêveries modernes de ces idéologues, qui
» prétendent que les hommes sont égaux sur la
» terre, et qu'un manant décrassé peut marcher
» côte à côte, le front haut, avec la noble race
» des héros que la France ancienne a fournis.
» Nous avons en horreur les choses de cette révo-

» lution, comme les hommes qu'elle a poussés
» dans la carrière des honneurs, qui faisaient
» jadis l'apanage et le privilège de nos fiers an-
» cêtres. Quoi donc ! le fils d'un vil boutiquier
» porterait l'épée des braves, et oserait prétendre
» à saisir un jour le bâton de maréchal de France
» et à commander peut-être aux descendants de
» ces illustres familles, dans lesquelles la gloire
» de conduire les Français à la victoire fut si
» long-temps inféodée ? La monarchie a-t-elle
» besoin d'aussi méprisables appuis ? C'est à nous
» qu'il appartient de régénérer la monarchie ; à
» nous qu'est due la tâche de replacer la société
» sur ses bases réelles. Plus d'intrus parmi nous,
» féaux défenseurs du trône. Renvoyons à la glèbe
» la jacquerie moderne ; chassons des emplois
» publics tout ce qui n'est point engagé sous nos
» bannières ; reprenons le rang et les droits
» qu'un moment de discorde nous a fait perdre.
» Soyons unis d'intérêts et de doctrines. Point
» de paroles douteuses : Dieu et le roi ; c'est un
» vieux cri français.

» Depuis quinze ans, les hommes du pouvoir
» se sont traînés *dans l'ornière du modérantisme;*
» il faut en finir avec le tiers ; il faut abattre son
» audace ; quelques gouttes du sang qui circule

» dans ses veines, sont-elles donc si précieuses
» pour qu'on n'ose les verser pour rendre toute
» sa splendeur au trône de l'antique dynastie des
» Bourbons? Il faut que l'Europe reconnaisse
» bientôt que la fidélité est enfin parvenue à
» chasser la révolution de ses clubs insolents.
» Écrasons nos adversaires ; affermissons le pou-
» voir ; consacrons à jamais les droits de l'autel et
» de la couronne : voilà la justice. Ministres du
» roi, nobles soutiens du drapeau sans tache,
» allez francs et forts ; tenez tout ce que vos noms
» promettent ; renversez pour toujours dans la
» boue qui fut son élément, cette tourbe auda-
» cieuse qui ose réclamer l'exécution de la Charte,
» cette concession de la faiblesse, que la force
» doit retirer. La France s'attend à des mesures
» vigoureuses ; que ses craintes qui font nos
» espérances, se trouvent réalisées. Brisez les
» presses de ces impudents folliculaires qui ne
» craignent pas de combattre nos doctrines, et
» de nous confondre chaque matin. Que la cen=
» sure leur apprenne à parler avec plus de respect
» aux champions des bons vieux principes. Il
» est impossible avec eux de rêver doucement
» aux souvenirs de l'ancien régime. Ils poussent
» l'insolence jusqu'à nous appeler du nom de zé-

» lateurs insensés de la vieille politique, de
» songe-creux des doctrines surannées, de servi-
» teurs des idées déchues, jusqu'à nous conseiller
» de travailler en même temps à la gloire du
» trône et de la patrie, comme si nous devions
» nous occuper d'autres intérêts que de ceux que
» nous imposent les droits qui nous ont été in-
» justement ravis, et dont nous devons poursui-
» vre sans cesse le rétablissement en faveur des
» héritiers de notre lignée.

» Secouez les chaînes de l'intervention des
» tiers dans la formation des listes électorales.
» C'est là qu'est enfoui le glaive qui seul peut
» nous accorder la victoire, en nous donnant la
» puissance de saper à petit bruit, sans danger,
» cette Charte que nous ne voulons caresser
» qu'afin de la mieux étouffer. Tant que les amis
» de la religion et du roi auront besoin d'un
» autre titre, que celui-là pour prendre part
» aux votes de minces avocats, d'ignoble ar-
» tisans, d'une masse d'industriels, dont toute
» la valeur est dans leur cote-contributive
» de trois cents francs, la monarchie et
» l'autel seront en danger. N'a-t-on pas vu
» un Quiclet, un vilain taillable à merci, oser
» poursuivre un vertueux magistrat, l'une des

» colonnes de la congrégation, dont le nom figu-
» rait sur les listes électorales de Paris. Que
» deviendront désormais les services des hommes
» purs et bien pensants, s'ils restent plus long-
» temps forcés de s'éloigner du scrutin où leurs
» bulletins soutenaient la bonne cause, aban-
» donnée maintenant aux seuls vrais électeurs ?
» Avec cette loi impie et sacrilége ne voyez-vous
» pas arriver à la chambre des députés tous les
» brouillons indépendants que possède la France ;
» ne voyez-vous pas grossir chaque jour une ma-
» jorité athée qui ne rêve que le renversement
» de l'antique race de saint Louis ? Brisez cette
» chambre révolutionnaire qui ose demander
» après quinze années d'attente, les lois com-
» plémentaires de la Charte, comme s'il n'y avait
» pas de société possible sans cette Charte. Si des
» gens de rien n'étaient pas appelés dans les col-
» léges électoraux, la majorité rebelle qui domine
» les délibérations de cette Chambre aurait-elle
» jamais siégé au palais Bourbon ? Serait-elle en-
» censée par toutes les factions ennemies de Co-
» blentz et de Rome ? Brisez d'un seul coup le
» moule et l'idole ; l'un et l'autre nous font hor-
» reur. Le roi n'est-il donc plus le maître absolu
» de l'administration et de l'État ? Dissipez à ja-

» mais la cohue libérale qui jette sans cesse à
» travers le pouvoir les odieuses traditions de la
» république et de l'empire. Elevez – vous en-
» fin au-dessus des questions de boules noires et
» de boules blanches. Lorsque tout se réduit à
» des résultats de scrutins, il n'y a plus d'unité
» morale : tout est capricieux; rien n'est stable.
» Vous laisseriez-vous vaincre par une majorité
» factieuse? Non, le gouvernement représentatif
» n'est pas un gouvernement de majorités; dans
» la réalité, c'est la minorité qui gouverne et la
» majorité qui obéit. Où en serions-nous, bon
» Dieu, s'il en était autrement? Eh, quoi! parce
» qu'il n'entrerait pas dans l'esprit d'une majo-
» rité rebelle d'opérer la contre-révolution, fau-
» drait-il renoncer au désir de la faire? Secouez
» le joug des Chambres. Le pouvoir qui les a ap-
» pelées à ses conseils n'a-t-il donc plus le droit
» de s'en passer, n'est-il plus assez fort pour
» gouverner sans elles? Les factieux se récrieront,
» oseront menacer l'autorité; châtiez les rési-
» stances et tout rentrera dans l'ordre. Le jour
» que l'on voudra jouer serré avec les libéraux,
» leur partie sera perdue. Quand Bonaparte vou-
» lut régner, il avait vingt partis à déranger de
» son chemin, cela ne l'empêcha pas d'arriver à

» son but. Eh quoi! parce qu'un ministère, après
» s'être épuisé d'argent, de caresses, de flatte-
» ries, de tromperies, de promesses, de lâchetés,
» pour obtenir une majorité, verra souffler un vent
» qui la dissipe, faudra-t-il renoncer à poursuivre
» l'exécution de desseins utiles à la monarchie?
» Vous avez eu la faiblesse d'avouer une fois
» que les majorités font le droit. Rétractez ces
» paroles; elles offrent une concession funeste,
» capable de nous conduire aux conséquences
» les plus affreuses, l'anéantissement de la sainte
» religion et le renversement de l'auguste dynas-
» tie de nos rois. Il faut sortir de ce péril; les
» États ont assez joué avec l'erreur. Il faut à la
» France un principe de gouvernement plus so-
» lide que celui de majorités, dont la variation
» nous pousse et repousse entre mille écueils.
» Ne souffrons point qu'elles soient chargées de
» résoudre rien de ce qui est du domaine de la
» raison éternelle. Ne permettons pas plus long-
» temps qu'elles puissent insolemment passer
» d'un scrutin sur les canaux, à un scrutin sur la
» liberté, puis à un scrutin sur le roi, à un scru-
» tin sur Dieu même. Tout pourrait disparaître
» successivement au gré des hommes; la société
» serait remise en doute. Conçoit-on qu'un em-

» pire se fonde ou se restaure jamais à ce prix?
» Que les hommes discutent les intérêts et les
» commodités de la vie sociale, cela est bien;
» mais qu'ils n'aillent pas s'aviser de mettre en
» question l'existence de l'État et délibérer sur
» elle, ce serait organiser le désordre. Qui nous
» garantira de cet écueil, un pouvoir ferme, un
» pouvoir *un*, ayant la volonté d'agir d'après les
» principes de la religion et de la morale.

» Les factieux vous parleront de la Charte et
» des droits qu'ils prétendent y découvrir. La
» Charte n'est pas un contrat qui lie le souverain
» à la nation; le pouvoir qui l'octroya peut la
» retirer à son gré. Cet acte ne fut qu'une con-
» cession de formes adaptées aux besoins de l'é-
» poque. La royauté a-t-elle donc pris d'autres
» engagements que celui d'accorder à la France
» quelques garanties? A-t-elle pu, en donnant
» la Charte, répudier tout entière l'autorité
» qu'elle tient de Dieu? Non; mille fois non.

» Voyez où nous conduit votre inertie! La
» prérogative royale est attaquée chaque matin
» par la licence de la presse. Elle ose dénoncer
» votre avénement au ministère comme une ca-
» lamité; poser en principe la possibilité du re-
» fus du budget par les Chambres qu'elle pousse

» à la révolte. Et vous ne la réprimez point; et
» vous la laissez consigner dans les pages auda-
» cieuses de ce placet insolent qui demande votre
» exclusion des affaires! Avez-vous pu le lire
» sans colère? Cent cinquante-quatre individus,
» habitants de Grenoble, s'y expriment en ces
» termes :

« SIRE,

» Vos fidèles Sujets soussignés, habitants de
Grenoble, département de l'Isère, viennent dé-
poser au pied du trône l'expression de leurs
craintes et de leurs douleurs.

» Eclairé par une longue expérience, le Roi,
votre auguste frère, a donné à nos besoins et à
nos mœurs, une Charte qui concilie, par d'ad-
mirables combinaisons, l'ordre et la liberté, le
dévouement du sujet et le patriotisme du ci-
toyen.

» Ce pacte de la restauration, juré par lui, par
vous, par nous, est menacé.

» Une faction qui n'a jamais discontinué la
guerre dont elle nous poursuit depuis quarante
ans, s'est placée entre le prince et le peuple. Elle
a déjà affaibli plusieurs de nos plus chères institutions, et retardé jusqu'à ce jour l'effet d'augustes
promesses. Cependant, la France conservait ses

espérances, et s'en reposait sur une parole qui ne peut tromper; mais aujourd'hui elle voit les avenues du trône occupées par les chefs mêmes de cette faction.

» Exécuteront-ils la Charte et vos promesses, ceux qui ont toujours protesté contre elles ?

» Nous rendront-ils celles de nos institutions qui nous ont été enlevées, ceux à qui nous en re-prochons la perte?

» Respecteront-ils la liberté de la presse, ceux qui ne cesseront d'être accusés par la France, que quand la France n'aura plus de voix ?

» Réprimeront-ils les fraudes électorales, ceux contre qui il nous a fallu lutter pour qu'elles fussent réprimées?

» Diminueront-ils les impôts, ceux qui ont toujours voté contre toute réduction ?

» Sauront-ils faire honorer, chez nos voisins, la générosité française, ceux qui ont réclamé contre toutes les résolutions généreuses?

» Voudront-ils défendre l'indépendance de votre couronne, ceux que les vœux de l'étranger ont précédés au pouvoir et que ces espérances y accompagnent?

» Sont-ils les dépositaires de la gloire de nos

armées , ceux dont nos guerriers ne connaissent que la trahison?

» Oublieront-ils la vengeance, éteindront-ils les haines, ceux qui rangeaient pour l'échafaud les Français en catégories, ceux qui appellent oisiveté la clémence, ceux qui, pour exprimer leurs horribles vœux, se sont faits les plagiaires des tribuns de la terreur?

» La France voit avec effroi, réunis au ministère, des hommes qui l'étaient dans ses antipathies, et du milieu desquels se sont hâtés de s'éloigner des citoyens honorés de l'estime et de l'amour des Français.

» Sire, ayez pitié de la France et du trône, écartez d'eux les fléaux qui les menacent. Pour redevenir glorieuse et fortunée, la France n'a besoin que de la confiance de son roi; donnez-lui des ministres dignes d'elle et de vous.

» Sire, en terminant ces très humbles représentations, qu'il nous soit permis de protester de notre respect pour vos prérogatives. Nous connaissons, avant les rois, les bons et les mauvais ministres; nous connaissons ces derniers par nos souffrances, et les rois ne les connaissent que par nos gémissements. C'est une prière légitime, celle qui demande au ciel de bons rois; pourquoi,

ne le serait-elle pas celle qui demande aux rois
de bons ministres? »

« Eh bien! ministres selon le cœur du roi,
» vous demeurez impassibles devant un pareil
» langage; les audacieux qui l'ont tenu, les
» brouillons qui l'ont proclamé vous narguent
» impunément; et la foudre demeure inactive en
» vos mains! Voulez-vous mériter la confiance
» dont la monarchie vous honore, marchez d'un
» pas ferme dans la carrière de la contre-révo-
» lution, là seulement est le salut du trône. De
» la force; plus de vaines délicatesses d'une géné-
» rosité que les factieux regardent comme de la
» faiblesse; frappez le coup de mort à la révo-
» lution; il en est temps.

» Verrez-vous avec indifférence s'organiser ces
» associations criminelles qui menacent l'autel et
» la cour du refus des impôts? l'armée est fidèle;
» ordonnez, et bientôt chacun rentrera dans le
» rang où l'eût placé l'ancien ordre de choses. Le
» 18 fructidor, le 18 brumaire, ne vous ont-ils
» pas enseigné avec quelle facilité les baïonnettes
» imposent silence aux vains discoureurs qui
» s'intitulent les législateurs de leur patrie? »

Ainsi parlent Coblentz et Rome dans les ves-
tibules du château. Ne dirait-on pas Sunder-

land, ministre perfide et insensé du malheureux Jacques II, lui conseillant de rompre ses serments, de désavouer ses principes; le pressant de proclamer les doctrines du droit divin et du pouvoir dispensateur; le poussant à d'imprudentes menaces contre le parlement, à des dissolutions réitérées; l'entraînant à gouverner sans les Chambres; le fourvoyant enfin dans la carrière des coups d'État pour l'exécution des projets les plus désastreux contre la liberté publique, et par suite contre la stabilité du trône?

Cependant effrayés du concert de réprobation qui accueille ces doctrines funestes dans la nation, les chefs de la coterie désavouent leurs indiscrets échos. « Le trône ne peut plus, ne doit » plus, ne veut plus faire de concessions, s'é-» crient-ils; c'est nous qu'il a chargés d'arrêter le » char de l'État sur le bord du précipice où le » poussaient les exigences de la démocratie; » mais son gouvernement fidèle à la Charte, ne » s'attachera qu'à l'exécution des lois.

Dans le ministère c'est à qui se démentira le mieux : « Je ne demanderai plus une aristocratie » impossible, dit l'un; je ne protégerai plus les » guillotines ambulantes, dit l'autre; je n'érigerai » plus la trahison en maxime d'État, dit un troi-

» sième ; et tous de répéter en chœur : Depuis
» notre arrivée au timon des affaires, nous n'avons
» rien fait ; pourquoi ne pas attendre nos actes
» avant de nous repousser ? Ne craignez rien ,
» nous avons juré de demeurer inactifs ; vous
» verrez que nous ne serons plus aussi odieux
» que nous l'avons été ; nous ne persécuterons
» que tout juste ce qu'il faudra pour ne pas
» courroucer les émigrés et les Jésuites, gens
» dont l'humanité et la modération est le pre-
» mier mérite, comme chacun sait. »

Sublimes doctrines de ces ambitieux qui se
proclament impudemment le bilan de la monarchie ; brillante image de ce régime toujours
prêt à s'agenouiller devant une soutane.

Qu'on y prenne garde, ce système d'inertie
qu'on nous préconise depuis six mois, est peut-
être le plus dangereux au maintien de la constitution. En regardant les Chambres comme de
simples machines à budgets, en s'abstenant de
leur présenter aucune loi importante, les disciples
d'Escobard ont découvert l'un de ces moyens
perfides d'endormir une nation sur ses propres
intérêts, jusqu'à ce que quelques années passées
dans une fausse sécurité la rendent inattentive, et
permettent d'exécuter contre elle tous les projets

funestes qu'on a prémédités. Rester dans le *statu quo*, tel est aujourd'hui le mot d'ordre de la faction hypocrite, qui depuis quinze ans rêve l'anéantissement de nos droits.

Les Chambres ne seront pas dupes de cette modération factice qui, comme les cendres d'un volcan en repos, couvre les plus terribles catastrophes. Elles comprendront ces mots : Plus de concessions, tant répétés depuis le 8 août, par la coterie qui en a fait le symbole de ses doctrines.

Un gouvernement, quel qu'il soit, lorsqu'il tient à sa durée, doit administrer sinon dans les intérêts spéciaux du plus grand nombre, du moins d'après l'opinion, les habitudes, les mœurs auxquelles les masses attachent leurs idées de bonheur. Sécarter de cette règle c'est soulever les passions, appeler les résistances et pousser le vaisseau de l'État au milieu des écueils d'un océan battu par les tempêtes. Cependant les organes du ministère Polignac ont osé dire : *Gouverner c'est vouloir !* Faudra-t-il commenter un pareil principe ? qui n'en voit découler immédiatement toutes les douceurs du bon plaisir ? la congrégation se figurerait-elle que la France aurait des actions de grâces à lui rendre, si réalisant ses rêves liberticides, elle parvenait à rendre notre belle patrie le théâtre du cinquième acte du drame qu'elle a commencé dans la Péninsule et dans l'Italie? Dans l'intérêt de sa puissance et des richesses qu'elle convoite, elle a besoin de dominer les rois et les peuples ; c'est par les premiers qu'elle peut enchaîner les seconds, aussi ne cesse-t-elle de prêcher que la puissance absolue est la seule qui convienne à la royauté, et cette maxime elle veut en faire surtout le code fondamental de la France. Et la Charte qu'en ferait-on? belle demande pour la camarilla : on la reléguerait au garde-meuble comme un monument des temps passés ; peut-être en ferait-on un auto-da-fé sur la place de Grève? Que la France, agitée par les anxiétés de la crainte, vive incertaine du lendemain ; qu'elle chancelle, guidée au milieu des abîmes par des mains inhabiles et perfides ; qu'elle tombe avec fracas sous des coups d'État insensés, peu importe à la coterie pourvu qu'elle domine. Elle oublie sans cesse que pour arriver à son but, il faut passer par la carrière glissante d'une révolution nouvelle, et que tout pouvoir qui en autorise les craintes devient d'abord un objet de méfiance, et bientôt un objet de mépris et de haine, en attendant qu'il devienne la victime de l'incendie qu'il a voulu rallumer. La fermeté des Chambres, l'attitude imposante de la France, la sagesse d'un roi digne de l'amour qu'il inspire nous sauveront de ces terribles dangers.

L'opinion, les habitudes, les mœurs de la France actuelle, placent le bonheur de ses habitants dans les principes qui découlent naturellement de la Charte : égalité devant la loi, dans l'admissibilité aux emplois et dans la contribution aux charges de l'État ; liberté individuelle ; tolérance religieuse ; liberté de la presse ; inviolabilité du roi, responsabilité ministérielle ; formes du gouvernement telles qu'elles sont définies ; droit de pétition ; inamovibilité des juges ; publicité des débats judiciaires ; application du jury ; garantie de la dette publique ; abolition des priviléges de caste.

Ces principes fondamentaux de nos droits politiques, sont ceux pour lesquels la nation s'est levée en masse, à une époque heureusement loin de nous. Leur récognition par le roi législateur, leur admission, leur proclamation solennelle, comme règle invariable de nos destinées, les serments qui les garantissent ont imprimé à la France une nouvelle impulsion, sont devenus pour elle comme l'aurore d'une régénération sociale, comme le gage d'un long avenir de prospérités : chaque jour les institutions qui en sont découlées les rendent plus chers à tous les cœurs. Ils sont à jamais passés dans nos mœurs, comme un besoin indispensable auquel se rattachent toutes nos idées de bonheur et de gloire.

Trois pouvoirs sont chargés de veiller à la conservation de cette Charte, arche sainte de notre existence politique : la royauté, la pairie, le peuple représenté par la chambre des députés. Chacun d'eux a des droits spéciaux dont il est jaloux à juste titre. C'est du respect de ces droits que dépend leur harmonie, et de cette harmonie que dépend la paix publique. La simple apparence d'un désir d'usurpation, d'empiétement chez l'un d'eux, excite la méfiance d'abord, la haine ensuite chez les autres, et pourrait, en se prolongeant, amener une conflagration générale. La moindre tentative d'exécution de projets destructifs des prérogatives ou des droits de l'un d'eux appelle la résistance de celui-ci, et trouble la paix de l'État. Qu'il y ait persistance dans les entreprises qui ont causé les appréhensions, les esprits s'aigrissent, chaque pouvoir évalue ses forces, l'instinct de la conservation devient le sentiment dominant, et le plus petit choc peut amener une de ces luttes terribles qui enregistrent sur des monceaux de victimes humaines le destin futur des nations.

Avant que les événements de 1789 eussent appelé le peuple à discuter ses intérêts, deux corps en France possédaient des pouvoirs politiques dans l'État : la noblesse et le clergé. On sait combien ils en avaient abusé au profit de leurs intérêts privés, contre ceux du trône et surtout contre ceux du Tiers. Une longue série d'attentats à la puissance de ces deux derniers, jointe à une longue suite d'adulations cupides, avaient réuni dans leurs mains la presque totalité du domaine public, leur avaient acquis des priviléges aussi immenses qu'abusifs, et, surchargeant l'agriculture, l'industrie, le commerce, au profit d'une oisiveté insolente, avaient tari les sources de la prospérité nationale, et grevé la couronne d'une dette que leur égoïsme natif rendit la cause première du bouleversement de l'État.

L'expérience apprit à se passer de leur secours ; ils furent à bon droit déshérités des fonctions politiques que les circonstances du temps, l'ignorance du moyen âge leur avaient fait confier. Ils ne sont plus aux yeux de la nation que ce qu'était Sylla au milieu des Romains après son abdication.

Pour eux, ils rêvent sans cesse aux avantages qu'ils ont perdus. Toute leur ambition est de les ressaisir ; tous les moyens de parvenir à ce but leur semblent bons : bassesse, hypocrisie, bigotisme, faux dévouement, caresses perfides, ils ne négligent rien ; ils vont même jusqu'à la fanfaronnade, à l'insolence, afin de persuader qu'ils ont la force ; mais on connaît leurs antécédents, on les observe ; l'œil de la méfiance les poursuit incessamment dans leur marche ; tantôt audacieuse, tantôt hypocrite et tortueuse ; ils ne peuvent échapper à l'investigation qui les entoure ; leurs tentatives les plus secrètes sont dévoilées et déjouées immédiatement. Cet état de choses les irrite ; de là ces déclamations forcenées contre la liberté de la presse, la loyauté des élections, l'exécution des lois sur les communautés d'hommes, rappelées par les ordonnances de juin qu'ils ne craignent pas de regarder ostensiblement comme non avenues et nulles de droit.

Les intérêts de ces deux corps, sont en opposition directe avec ceux consacrés par la Charte. La couronne et les peuples ont une égale raison de les éloigner du maniement des affaires. La première serait bientôt soumise à leur tutelle, et dépérirait asphyxiée dans les nuages de leur encens empoisonné; les seconds gémiraient sous le faix de nouvelles chaînes, plus dures encore que celles qu'ils ont enfin brisées, si la noblesse et le clergé, considérés comme corps dans l'État, pouvaient saisir un des anneaux de la puissance. La pairie est la seule noblesse que la France reconnaisse maintenant; c'est dans la chambre haute qu'est renfermée toute notre aristocratie, c'est là que se trouve le modérateur né des deux autres principes du gouvernement, la monarchie et la démocratie. Que si, à l'aide de vains titres, acquis par plus ou moins de services, bons ou mauvais, l'orgueil venait se jeter au travers de nos institutions : la royauté aurait-elle plus d'éclat, le trône plus de solidité? Qu'on en juge par les pays où règne cet état de choses. Que si, au nom du ciel, l'avarice bigote venait occuper les avenues du trône, la couronne resterait-elle long-temps sans s'abaisser devant la tiare pontificale? Dans l'un et l'autre cas, les trésors du prince parviendraient-ils à satisfaire l'avidité des courtisans, sans diminuer la part de la bienfaisance, et des nécessités de la magnificence royale? Le pays serait-il plus heureux, la patrie plus respectée au dehors, la nation plus fortunée? L'histoire et les événements qui se passent à chaque instant sous nos yeux ; le Portugal et l'Espagne sont là pour répondre. D'ailleurs, puisque la noblesse et le clergé ne sont plus rien dans l'État, d'après nos institutions actuelles, puisqu'ils n'y possèdent aucun droit spécial, aucun privilége particulier, tout ce qui pourrait tendre à leur en créer de nouveaux, porterait atteinte à la constitution, et dès lors exposerait la France à des périls que la sagesse doit en écarter, de toute l'énergie de la raison.

Les masses ont apprécié leurs droits au bonheur général, depuis quarante ans ; elles ont essayé leurs forces, et elles en connaissent l'étendue, la puissance ; elles sentent que les gouvernements ont l'obligation absolue de veiller à la prospérité générale, sans égards pour les désirs de quelques égoïstes ambitieux. C'est la voix secrète de la véritable justice, du droit naturel, qui leur crie sans cesse que l'égalité morale qui existe devant l'Éternel, doit exister aussi dans la société humaine. Quiconque essayerait d'étouffer cette voix de la conscience, compromettrait éminemment le repos de la nation. Aussi, lorsque les peuples ne comptent pas un ami parmi les conseillers et les dépositaires du pouvoir, leurs craintes s'éveillent, l'anxiété les tourmente, ils rêvent les résistances ; la plus légère étincelle suffirait pour allumer l'incendie d'une révolution terrible au milieu d'eux. On ne heurte jamais impunément le colosse des passions populaires poussées à la méfiance.

Ces vérités fondamentales expliquent assez les clameurs qui ont frappé d'inertie le ministère Polignac. Ce ministère choisi parmi les zélateurs du privilége de caste, et de la puissance sacerdotale, parmi les contempteurs de l'égalité morale, si chère à la nation, si consolante pour le grand nombre ; ce ministère ennemi né de toute croyance religieuse qui ne soumet pas son front aux ablutions de Rome pontificale, devait produire à son apparition l'explosion de murmures, le cri général de haro qui l'accueillirent et dont on chercherait en vain un exemple dans le passé. Il était naturel qu'un ministère dont les antécédents, les amitiés, les haines, les désirs, les répugnances, toute la vie politique était une protestation contre le pacte d'alliance qui unit le trône à la nation, inspirât soudain un mouvement d'horreur. C'était le résultat inévitable des passions que sa présence au pouvoir, devait soulever dans tous les cœurs. Il montrait aux esprits inquiets, aux imaginations étonnées, deux intérêts seuls, dominant les conseils du roi, et deux intérêts honnis, détestés, irréconciliables avec ceux-là qui devraient uniquement y être admis.

A l'aspect du ministère du 8 août, une stupeur générale frappa les imaginations ; mais aussitôt mille voix s'élevèrent à la fois : « Quel esprit de » vertige est venu troubler la France paisible? » s'écriaient les uns. Qu'elles mains ont rallumé » le feu des défiances et des haines que la nation » laissait s'éteindre? Sans provocations, sans » motifs, alors que tout est calme dans notre » belle patrie, on y reprend des armes mena— » çantes, on y relève des étendards irritants, on » y fait retentir des noms abhorrés qui semblent » révéler à la France épouvantée le projet le plus » imprudent, le plus funeste peut-être qui ait » jamais pénétré dans le conseil des rois, depuis » ceux de déplorable mémoire, qui entourèrent » et perdirent la race infortunée des Stuarts.

La France n'eût pas osé soupçonner les » desseins que dévoilent des noms si tristement » célèbres; mais il est un lieu où la raison est » muette, où l'évidence est sans lumière, la né— » cessité sans empire; un lieu où se convient » l'imprudence et l'erreur, l'entêtement et l'é— » tourderie, où les plus terribles leçons du passé

» ne sont pas comprises; ce lieu c'est la cour.
» Le ministère que les intrigues ont préparé,
» sépare la France en deux camps, elle d'un
» côté, la nation de l'autre. »

De nouvelles voix faisaient entendre ces paroles :
« Voilà donc encore la cour avec ses vieilles ran-
» cunes, l'émigration avec ses préjugés, le sa-
» cerdoce avec sa haine de la liberté, qui
» viennent se jeter entre la France et le Roi.
» Ce que nous avons conquis par quarante ans
» de travaux et de malheurs, veut-on nous le
» ravir? Ce que la nation repousse de toute la
» puissance de sa volonté, de toute l'énergie de
» ses vœux, a-t-on résolu de le lui imposer?

» Comme autrefois l'Angleterre vit surgir la
» cabale, ajoutaient les autres, ainsi apparaissent
» au timon des affaires MM. de Polignac, de Bour-
» mont et compagnie, dans un moment de douces
» espérances. Où veut-on nous conduire avec
» de pareils guides? Ce n'est ni à la liberté, ni à
» l'honneur. *Fata viam invenient!* Le pouvoir
» est encore une fois circonvenu par une faction,
» ennemie déclarée des libertés publiques, qui
» ne semble accepter la Charte qu'afin de pou-
» voir la mieux déchirer. Subissons donc le sort
» qui fut réservé à l'Angleterre, puisque les

» avertissements de l'histoire demeurent impuis-
» sants. Les libertés du peuple n'y sont que des
» transactions entre le pouvoir et la nation mé-
» contente; c'est ainsi qu'il nous faudra conqué-
» rir notre droit public. »

Et tous les échos de la France répétaient ces paroles funèbres : « Les crimes affreux d'une époque
» fatale doivent-ils donc épouvanter l'Europe
» encore? L'abyme des révolutions va-t-il de nou-
» veau s'ouvrir sous nos pieds?.... »

On s'abordait avec une expression de douleur,
de pitié, de compassion, de sensibilité sur des
destinées chères à tous les cœurs français; on se
quittait avec un juste sentiment d'indignation et
d'horreur contre ces hommes dont la présence
paraissait un outrage à la nation, une menace à la
tranquillité publique autant qu'à nos droits. Bientôt on se retrouvait et l'on se jurait union contre
les vœux coupables qu'on supposait aux ministres
qui venaient d'exhumer le fantôme de Coblentz
et de Rome, avec son cortége d'entêtement et de
folie, contre les événements qui l'avaient inhumé.
L'apparition inattendue d'hommes représentants
et chefs de deux corps qui, mécontents d'être rentrés
dans le droit commun, aspirent continuellement
à reprendre sur la scène du monde politique, des

rôles qui leur sont interdits à jamais; leur emploi à la tête d'un gouvernement que leurs amis voudraient anéantir., inspirèrent une juste défiance, défiance qu'ils ne pourront jamais vaincre. Tant qu'ils resteront au pouvoir, ils verront planer sur eux le soupçon de vouloir asservir de nouveau les masses au vasselage inique dont elles ont brisé les chaînes; jamais ils ne parviendront à rassurer la France sur leurs intentions; jamais ils ne pourront calmer les appréhensions qu'ils inspirent. Leur ténacité à se maintenir au poste où une intrigue les a placés, prouve trop que pour eux il n'y a ni sagesse, ni générosité, ni grandeur d'ame. Périsse la France et la monarchie plutôt qu'un principe d'absolutisme, plutôt que les intérêts de Coblentz et de Rome : telle est leur devise. Quand ils rappellent à la nation ces versets d'un livre saint : « Si l'on vient vous dire qu'une montagne » a changé de place, vous pouvez le croire ; mais » si l'on vous dit qu'un homme a changé de ca- » ractère, n'en croyez rien ; » espèrent-ils qu'on les oublie en leur faveur? Et de quel droit se prétendraient-ils seuls exempts de l'application ? A qui persuaderont-ils que, faisant abnégation de leurs intérêts particuliers, des intérêts de la coterie qui les soutient, ils embrasseront avec ardeur les intérêts contraires, nés de nos longues discordes et acquis au prix de tant de sacrifices? Dans les rangs où l'on ne compte ni Jésuites, ni courtisans, ni champions des doctrines déchues, (c'est dire la nation en masse), où oseraient-ils assurer qu'ils ne sont pas détestés? Qu'elles garanties présentent-ils? Leur existence politique est toute de guerre contre nos institutions. Ils ont osé dire eux-mêmes que leur élévation au ministère était le rétablissement du combat entre la royauté et la révolution. Insensés! pourquoi donc attaquer le lion assoupi? n'ont-ils rien à redouter de son réveil? ne deviendraient-ils pas la première victime sacrifiée à son courroux terrible?

Les conseillers de la couronne doivent toujours être choisis parmi les loyaux défenseurs du pacte social, dans les gouvernements représentatifs, parce que ceux-là seuls peuvent rallier autour d'eux les majorités consciencieuses sans lesquelles la situation de l'État est toujours précaire, la tranquillité publique toujours incertaine, l'esprit d'opposition toujours dominant, et les réactions toujours plus ou moins à craindre. La royauté peut sans doute s'écarter de cette règle et appeler autour d'elle des favoris inhabiles, des courtisans ennemis secrets de la constitution, des fauteurs d'absolutisme ou de théocratie ; mais la prudence doit la garantir de pareils choix, puisqu'ils peuvent avoir les conséquences les plus funestes pour elle et pour la nation. On ne joue pas un trône comme un portefeuille : c'est un jeu terrible dans lequel se trouvent engagés les plus chers intérêts des peuples. Un monarque régnant n'est que le dépositaire du sceptre que lui ont transmis ses aïeux ; il en doit compte à sa dynastie ; s'exposer à le perdre est un crime envers sa race. Tout conseiller qui peut pousser un roi constitutionnel à courir de semblables périls, est un fou, un insensé qu'il faut repousser, ou un traître qu'il faut châtier. Un ministère soupçonné de desseins aussi coupables, est par cela seul un danger qu'on doit écarter.

Le ministère Polignac représente-t-il dans le cabinet les intérêts qui seuls doivent y trouver la parole ? n'exprime-t-il pas au contraire un système hostile à nos institutions ?

LE PRÉSIDENT DU CONSEIL.

Qu'a de commun avec la France nouvelle, messire Armand Jules Marie Héraclius Polastron de

Polignac, prince par la grâce du Vatican, disciple favori du père Ronsin, enfant gâté des très hautes, très puissantes, très illustres dames du noble faubourg, ame damnée de milord-duc, type chéri des courtisans modernes? Quels intérêts soutient-il dans les conseils du prince? ceux de l'aristocratie? je ne sache pas que la pairie ait besoin d'un pareil champion, et toute autre aristocratie que celle qui siége sur les banquettes du Luxembourg a cessé d'exister pour la France qui ne voit qu'une ennemie dans celle que les événements ont abattue. Mais on l'exalte à l'OEil-de-Bœuf; sur lui reposent toutes les espérances de caste qu'y nourrissent en secret les incorrigibles de Coblentz. L'ancien régime avec toutes ses douceurs est, à son avis, le seul convenable à trente-deux millions de Français, habitués dès long-temps à estimer à leur juste valeur les classes qui ne voyaient dans la nation qu'une troupe de vilains taillables à merci et miséricorde. Doit-on lui reprocher sa prédilection en faveur de l'époque heureuse où le nom de sa famille était inscrit au livre rouge, pour une modeste pension de sept cent mille francs? N'est-il pas juste qu'il regrette le bon temps où un favori arrivait à l'opulence à force de courbettes et d'adulations? N'est-il pas naturel qu'il emploie tout son génie à faire revivre cet aimable ordre de choses? Il est vrai que son nom a toujours été néfaste à la patrie, depuis que la brigue poussa l'un des siens à l'ambassade de Pologne ; mais ce n'est pas sa faute si le succès ne sourit pas toujours aux projets enfantés par des valets de cour.

Quand on pourrait compter comme des services réels les vingt-cinq années de conspirations qu'il a traversées avec un dévouement dont le véritable mobile pouvait bien n'être que de l'égoïsme ; quand ces années pourraient être considérées comme des titres irrévocables à l'affection d'une auguste famille que des voix moins intéressées, en secondant les événements, devaient rappeler sur le sol de la patrie ; quels droits aurait-il à la confiance d'une nation qui déteste surtout les intrigants et les ingrats? Serait-ce son alliance avec le cabinet de Saint-James, rival obligé de celui des Tuileries? serait-ce sa conduite en 1812 qui parviendraient à lui en donner?

Dans les conseils du prince, M. de Polignac ne peut être considéré comme l'avocat des principes monarchiques : la monarchie telle que l'ont faite la volonté du roi législateur, et les serments de Reims, n'est pas comprise par lui ; il ne la conçoit pas,

44

et ne pourrait que la compromettre, s'il était libre
d'agir d'après ses vues étroites et ses idées rétro-
grades. Le regardera-t-on comme le noble appui
de l'agriculture, de l'industrie, du commerce ?
Il les méprise ; des lettres, des sciences ? pour lui
ce sont choses trop au-dessous de sa brillante origine ; de l'armée ? elle déteste les priviléges qui
réservent l'épaulette à la naissance au lieu de l'accorder au courage et aux talents ; de la magistrature ? Il voudrait qu'elle fût aussi souple que le
parlement Maupeou, tandis qu'elle se sent digne
de son indépendance. Messire Armand-Jules-
Marie-Héraclius Polastron de Polignac n'est donc
à la tête du cabinet, que dans l'intérêt d'une aristocratie déchue, d'un clergé renvoyé aux choses
de l'autre monde ; dans l'intérêt de courtisans
avides, de prêtres intrigants ; dans l'intérêt de
Coblentz et de Rome, en un mot. Or, ces intérêts,
aussi bien que ceux de Londres, sont diamétrale-
ment opposés à ceux du trône et de la France.

Ainsi M. de Polignac est au moins une véritable
inutilité dans le ministère, où sa présence ne peut
servir à rien de bon ; mais l'inutilité dans les conseils
du prince est presque toujours une hostilité aux
principes qu'il faut développer, et M. de Polignac
offre à l'esprit de tous les Français la menace de

briser leurs droits; il est alors dangereux à la sécurité de tous ; il devient un juste sujet d'anxiétés qu'il faut écarter, de peur de soulever des passions plus irrascibles, qui exposeraient infailliblement le trône et la France à des périls dont il n'est pas permis à la raison de prévoir les terribles conséquences.

MINISTRE DE LA GUERRE.

Quel est cet homme à l'œil louche, au regard faux? Louis Auguste Victor comte de Ghaines et de Bourmont, ministre chargé du département de la guerre, chez un peuple qui met toujours l'honneur et la fidélité au-dessus de la fortune.

M. de Bourmont offre pour titres à cette élévation :

1º Son enrôlement sous les drapeaux prussiens, à Coblentz où l'avait poussé le premier coup de canon tiré en faveur de la liberté;

2º Ses faits d'armes dans la Champagne et dans la Vendée, à l'époque de nos guerres civiles ;

3º Ses courbettes au premier consul, afin d'en obtenir de l'emploi;

4º Sa participation à la machine infernale;

5º Son séjour à Lisbonne, et sa rentrée au service de l'empire;

6° Sa défection au 31 mars 1814, au 20 mars et au 16 juin 1815 ;

7° Son ingratitude envers Ney, sa perfidie contre ce brave ;

8° Enfin, et surtout ces mots de Bonaparte : *Les blancs sont blancs, les bleus sont bleus.*

Trouvera-t-on jamais, de la sympathie entre une armée française et de pareils antécédents ? L'armée, expression de l'honneur national au plus haut degré, dans notre belle patrie, représentée par un homme qui a parcouru tous les camps ennemis, en y mendiant des armes pour et contre son pays, est une véritable insulte à la France. Celui pour qui nul serment ne fut sacré, celui qui fut parjure à tous les partis, à toutes ses promesses, tiendra-t-il beaucoup à faire valoir l'importance et la sainteté des serments d'Ecouen et de Reims ? celui dont l'honneur, peut-être, est d'avoir sacrifié son honneur au parti de Coblentz, a-t-il beaucoup de droits à la confiance de nos guerriers ?

INSTRUCTION PUBLIQUE.

Une congrégation fameuse dans les troubles qui ont agité les peuples, une congrégation avide de pouvoir, à qui tous les moyens sont bons pour y parvenir, mais sans prévoyance de l'avenir lorsqu'elle parvient à dominer, les Jésuites en un mot, peuple nomade d'intrigants et d'hypocrites, s'étaient introduits en France sous les auspices d'un cardinal fameux au temps de l'empire. Là, cachés sous les noms de Pères de la Foi, de Pacanaristes, de Pères du Sacré-Cœur, ourdissant en secret la trame de leur domination future, ils s'étaient insinués peu à peu dans les emplois de l'Université, qu'ils aspiraient à gouverner, et dans plusieurs séminaires, en déniant leur propre existence, et en s'établissant le centre de tous les mécontents.

Peu satisfaits d'une existence de fait, ils veulent en obtenir une de droit; la tolérance dont ils ont été l'objet est pour eux une garantie qu'ils arriveront à leurs fins; mais impatients d'attendre, ils intriguent sans cesse afin de pousser au pouvoir les hommes qu'ils ont engagés sous leurs bannières. Que leur importe la perturbation qui peut en résulter; que leur importe le souvenir des trônes qu'ils ont ensanglantés, ou que leur présence a poussés dans l'abyme? Jouir d'abord, veiller ensuite à la conservation des avantages obtenus en prenant tous les masques, telle est la maxime de cette corporation funeste.

C'est elle qui a revêtu de l'hermine doctorale messire Guernon de Ranville, tout étonné de se trouver au rang des successeurs des Fontanes et des Royer-Collard, tout surpris de se voir placé à la tête d'un corps où l'on compte les Villemain, les Guizot, les Cuvier, et tant d'autres renommées européennes. A quel titre? au titre d'associé de la *Gazette de Lyon*, de clabaudeur de principes ridicules à peine moins ineptes que ceux de MM. Menjaud, Merindol et autres promesses de l'ultramontanisme.

JUSTICE.

C'est encore l'influence de Rome qui a placé les sceaux aux mains de M. Courvoisier, véritable monomane constitutionnel. Il est la dupe bénévole d'une coterie qui exploite à son profit jusqu'à la piété sincère, en la circonvenant avec des formes ascétiques, afin de la fourvoyer ensuite dans les routes funestes où elle engage tous ceux qui l'écoutent. L'ancien avocat-général de Besançon et de Lyon est, à son insu, le bras que la faction apostolique a jugé convenable de choisir, afin d'endormir les cours judiciaires sur les empiétements des Jésuites. La piété est sans doute une vertu; mais poussée à l'extrême dans le chef d'une magistrature qui doit être impartiale pour toutes les croyances religieuses, cette vertu n'est-elle pas dangereuse lorsqu'une foi vive rend involontaire le mépris ou la haine des dogmes qu'elle rejette ou qu'elle voudrait combattre?

FINANCES, MARINE.

A l'hôtel de Rivoli, apparaît M. de Chabrol, administrateur fameux par les échafauds ambulants du département du Rhône. C'est encore un des adorateurs de tous les pouvoirs passés, présents et futurs; un de ces hommes célèbres dans les rangs des girouettes, prêt à tout sacrifier à ses intérêts personnels, et à qui la religion du serment est inconnue. Les rigueurs de 1815 forment ses droits à sa nouvelle élévation; c'est dire que la camarilla comptait sur lui. Pour cette fois, elle pourrait bien s'être méprise. M. de Chabrol est d'une prudence consommée; une longue expérience des hommes et des choses lui ont appris à distinguer long-temps à l'avance quelle idole il doit encenser. Il se tournera bien certainement vers cette idole assez à temps pour lui paraître dévoué, et pour en obtenir une de ces prolongations d'existence politique dont sa fortune s'accommode probablement aussi bien que sa conscience.

Dans la rue Royale, M. d'Haussez singe M. de Chabrol, et suivra sans doute la même direction.

L'un et l'autre ne sauraient passer pour vendus à la coterie de Coblentz et de Rome, qu'ils apprécient peut-être à sa juste valeur, dans leur *à parte*; mais ni l'un ni l'autre, n'aurait assez de courage pour se retirer devant une mesure désastreuse; ils laisseraient faire, et c'est tout ce que désire la camarilla. D'ailleurs il ne dépendait pas d'elle de faire un choix plus analogue à ses vues : les noms de MM. Polignac, Bourmont, La Bourdonnaye avaient effarouché jusqu'aux plus ardents panégyristes des idées surannées. La nullité ou l'ambition de se faire de sa condescendance un marche-pied pour arriver aux banquettes du Luxembourg, ont pu seules donner des collègues à des hommes si énergiquement repoussés par la France.

INTÉRIEUR.

M. de Montbel s'était fait remarquer par la défense du ministère Villèle. On avait généralement approuvé ce dévouement de la reconnaissance; mais ce qui l'a recommandé sur-tout à la faction rétrograde, ce sont ses virulentes attaques contre les ordonnances de juin, son apologie des

Jésuites, et l'espoir qu'il pourrait faire la planche au retour de son ami Toulousain, le Briarée du parti déplorable.

FEUILLE DES BÉNÉFICES.

Encore une ame damnée de la congrégation, encore un rêveur de la suprématie de Rome, un abbé de cour s'il en fut un jamais. La camarilla avait besoin, surtout, d'avoir à sa disposition cette feuille des bénéfices, heureuse et douce réminiscence du temps passé. M. Frayssinous, évêque *in partibus infidelium*, pasteur sans troupeau, en a enfin été chargé, avec injonction de l'employer désormais *ad majorem Dei gloriam;* ce qu'il n'oubliera pas assurément.

Ainsi donc le ministère du 8 août a rempli le cabinet d'ennemis nés de nos institutions. Fruit des intrigues ténébreuses mises en jeu par les douairières de l'aristocratie ancienne, par la congrégation, et par la camarilla si chère aux amis de MM. de Blacas, de Damas, de Duras, de Maillé, de Croï, de Latil et Tharin, on le dirait appelé à nous fourvoyer dans une nouvelle carrière de malheurs et de troubles. C'est Coblentz et Rome ressuscités.

Il y avait de l'honneur à Coblentz, peut-être de

la fidélité dans la défection de Waterloo, et de la conscience dans les rigueurs de 1815; mais entre Coblentz et la France nouvelle il y a trente années de vieilles et de modernes rancunes; entre Waterloo et la France actuelle quinze années d'inquiétudes et de combats intérieurs; entre 1815 et 1830, quinze années de ressentiments contre les rigueurs prévotales. Qui effacera de pareils souvenirs? Qui changera les sentiments du peuple? Qui réconciliera les époques ennemies? En vain Coblentz crie qu'il a pardonné à la liberté; Waterloo qu'il est fier de notre gloire; 1815 qu'il a oublié ses rancunes et que la clémence est devenue son élément : on ne le croit pas. Qui pourrait croire en effet, à une conversion subite, faite sur le seuil du ministère? et de quel ministère? D'un ministère complet de minorité, qui semble annoncer la combinaison des fraudes de 1824 avec les proscriptions de 1815.

M. de Polignac aurait l'intention réelle de s'attacher à la Charte qu'il ne le pourrait pas. Instrument d'une faction qui ne rêve que le retour du passé, il faut qu'il en subisse le joug; il faut qu'il marche dans l'intérêt des intrigues de cour et de clergé. Il ne peut avoir pour lui que les courtisans et les congréganistes, il faut qu'il en fasse le point d'appui de son existence politique. Quels intérêts soutiendrait-il donc à la tête du conseil, si la clameur publique ne l'avait pas rendu timoré? Les intérêts d'une aristocratie déchue, et ceux du jésuitisme. Les uns et les autres sont antipathiques à la stabilité du trône, et à la prospérité de la France.

Une voix qui s'éleva au début de notre révolution en s'écriant : « Si nous avions eu les Jésuites et les mousquetaires, la Bastille serait encore debout », a réuni ces intérêts en un seul faisceau. L'aristocratie qui a produit cette fusion est un parti décrépit qui tourne en dérision les idées de perfectibilité humaine, qui ne conçoit pas que la sociabilité puisse reposer sur un contrat. Elle ne reconnaît de devoirs que d'un seul côté ; le pouvoir, suivant elle, n'est pas destiné à veiller au bonheur des nations, les nations au contraire sont créées pour le bon plaisir de la puissance ; aussi partage-t-elle le monde en deux classes, dont l'une est condamnée à servir d'esclave à l'autre. Les progrès des lumières l'effarouchent ; la liberté de la presse est pour elle une seconde boîte de Pandore, on l'a vue déclamer contre la vaccine parce que cette heureuse découverte favorise la population, contre l'agriculture et l'industrie parce qu'elles produisent de jour en jour plus de moyens d'assurer l'aisance des masses. Il lui faut le droit d'aînesse, les substitutions, les majorats, les priviléges et tout l'attirail de la grande propriété pour en faire le cortége de l'absolutisme, seul pouvoir qu'elle réconnaisse parce qu'elle a appris dès long-tems à le dominer, à le diriger dans ses intérêts spéciaux. Quant aux droits que les peuples parviennent à conquérir, elle voudrait les passer tous par les armes.

Autrefois sujet d'admiration et de respect, alors qu'il parcourait les Deux-Indes en portant la parole évangélique aux peuplades sauvages ou barbares de ces vastes contrées, le jésuitisme est aujourd'hui un objet de haine ou d'alarmes.

Mal famé dans l'histoire, flétri par ses crimes et par sa morale, il cherche à rentrer sur la scène du monde précédé par la réprobation générale. Sous d'aussi funestes auspices il doit faire participer à la défaveur qui l'entoure, tout ce à quoi il se dira lié : religion, clergé, aristocratie, royauté, tout sera compris dans les effets de son fatal voisinage. Tel un pestiféré exposé à la mort dont il porte le germe tous ceux qui ont le malheur d'entrer en contact avec lui, et fait surtout peser le danger de sa présence sur les êtres qui lui sont le plus attachés. Les protestations d'amour dans l'un et l'autre cas ne peuvent compenser le mal que l'amitié est destinée à produire.

L'opinion est à jamais fixée sur le jésuitisme. Percé à jour par les traits de Pascal, de Voltaire et de la presse moderne, il ne peut plus reprendre son antique ascendant; son hypocrisie native est surveillée par d'infatigables intérêts. Son apparition suffit pour éveiller la méfiance, sa ténacité pour allumer des guerres intestines. Son nom seul n'est-il pas déjà un brandon de discorde. En religion tout est fixé par le concile de Trente; dans le clergé, tout est réglé par des lois positives; les intérêts du trône sont dégagés de tout contact avec le spirituel. A quoi donc le jésuitisme peut-il être utile maintenant? S'agit-il de mœurs? On connaît la corruption de sa morale. S'agit-il de liberté régulière? Le jésuitisme est tout d'arbitraire, car il est la milice du pouvoir théocratique absolu. S'agit-il de publicité? Il ne connaît que les voies occultes et détournées. S'agit-il de sincérité? Il est tout d'équivoques, de réticences, de directions d'intention, de restrictions mentales, de parjure et de perfidie. S'agit-il de liberté religieuse? Rome tout entière, avec son intolérance, apparaît en lui. S'agit-il du développement de l'esprit humain? Il en est le despote. S'agit-il des arts, de l'industrie, du commerce? Il rêve encore aux moyens de s'en adjuger le monopole. S'agit-il des trônes? Il a été l'ennemi de celui de Henri IV, il a perdu celui des Stuarts, il a ensanglanté les marches de vingt autres. Il y a incompatibilité absolue entre lui et l'ordre qui règne en France.

La raison publique ne veut plus des fabricateurs du molinisme; elle repousse les moines intrigants qui disputaient sur la Bulle dans le cabinet de madame de Maintenon, tandis qu'Eugène et Marlborough enlevaient Berenghem aux portes de Versailles; elle hait les égoïstes qui favorisaient un Villeroi aux dépens de Catinat et de Villars, dans un moment où la patrie se trouvait en danger; elle abhorre ceux qui ont dirigé la plume qui traça les ordres homicides de la Saint-Barthélemy et des dragonades; ceux qui, à force d'obsession, parvinrent à faire révoquer l'édit de Nantes et à pousser au ministère un cardinal de Fleury.

Est-il donc étonnant que la France ait été épouvantée en voyant apparaître, dans les conseils du roi, les champions les plus éhontés d'un parti qui s'appuie sur de tels auxiliaires? Que deviendra la politique des Tuileries confiée aux partisans de Rome, aux affidés, aux suivants de Wellington? Des hommes vendus à la tiare pontificale, des hommes qui, sur le champ de bataille, ont passé sous les drapeaux de Milord-Duc, sauront-ils défendre la couronne contre la suprématie romaine, et la dignité du trône et de la patrie contre celui que le hasard sauva d'une défaite aux plaines de Waterloo?

Et d'ailleurs, que penser d'une administration condamnée à l'impuissance ou à l'arbitraire? D'une administration dont la présence seule est une menace à toutes les libertés publiques, un appel aux souvenirs de la fédération, l'annonce d'une lutte intérieure entre le pouvoir et les intérêts publics?

Pourquoi ces réactions continuelles qui entretiennent sans cesse les esprits dans une inquiétude funeste et dangereuse? Il fallait ménager les vaniteuses espérances de la faction des immobiles. Ainsi en 1814, la Charte qui devait être adoptée fut octroyée en vertu de l'autorité que les rois possèdent par la grâce de Dieu. Ce changement subit amena la défiance, on se plaignit; bientôt la censure est établie; l'ancienne armée est abreuvée d'outrages; d'anciens nobles essayent de faire revivre la féodalité; les émigrés, les courtisans inquiètent les acquéreurs de biens nationaux, et parlent de la Charte avec un mépris avoué. A son tour la nation s'entretient des Stuarts. Bonaparte débarque, et sa marche triomphale refoule jusqu'à Gand le flot des courtisans maladroits dont les fautes lui avaient ouvert le sol de la France. Qui oserait assurer que la seconde émigration eût jamais revu la patrie, si le vainqueur de Marengo avait su adopter de bonne foi la Charte constitutionnelle, purement et simplement, sans préambule, sans acte additionnel?

En 1815, une proclamation rassure les esprits; on prête serment à la Charte, la France espère; et le lendemain la liberté individuelle est suspendue. Peu après les cours prévotales sont instituées; des caravanes de bourreaux promènent l'échafaud et la terreur dans tous les départements; des massacres, des assassinats satisfont quelques vengeances; et nul châtiment n'arrête les fureurs de Nîmes et d'Avignon. Un murmure sourd, précurseur d'un orage terrible, parvient enfin au pied du trône; on y reconnaît le danger, on s'arrête en promettant de rester invariablement attaché à la Charte.

Le 5 septembre 1816, la Chambre introuvable

est dissoute, et pendant onze mois on demeure fidèle à la constitution. Les craintes se calment; mais la faction rêvait toujours le pouvoir. Un ministère incertain, un crime épouvantable, mais isolé, lui prête des armes, et 1820 nous donne le ministère déplorable. Aussitôt la censure est rétablie; le système électoral est faussé, des conspirations sont soudoyées, des journaux sont achetés, la septennalité passe en loi, un plan d'attaques permanentes contre nos libertés est organisé. Cependant le ministère Villèle se repose un moment pour laisser retentir les serments de Reims; mais bientôt reprenant son cours, après avoir envahi la Chambre élective à force de corruptions et de fraudes, il impose successivement à la France la censure encore, la loi barbare du sacrilége, et celle des communautés religieuses; il infiltre le jésuitisme partout, sous toutes les formes; il tente de détruire l'égalité devant la loi par la loi d'amour, il essaie d'étouffer la pensée par une loi sur la presse; il fait couler le sang dans les rues de Paris, et poursuit audacieusement ainsi l'œuvre insensée de la contre-révolution. La nation se prononce enfin avec énergie dans les élections de 1827, la cour elle-même reconnaît le danger, et 1828 nous ramène encore quelques mois à l'exécution de cette Charte, gage de pardon des fautes passées, palladium du repos public. L'espérance renaît dans tous les cœurs ; mais le 8 août 1829 vient de nouveau réveiller les craintes.

Qu'y a-t-il de commun entre le ministère Polignac et la Chambre de 1828? Celle-ci fut nommée pour écraser un système, sinon moins absurde, assurément confié en des mains plus habiles. Fruit d'une réaction d'honneur et de probité, elle ne démentira point son origine ; forte contre l'infamie, l'horreur et le mépris de la vénalité redoubleraient encore son énergie contre les hommes qui oseraient essayer de la mettre à ce prix.

Tout ministère qui, dans un gouvernement représentatif, arrive au pouvoir malgré l'opinion, doit sentir qu'il servira mal le roi et l'État. Les ministres qui acceptent une pareille mission, sont des ambitieux vulgaires, sans dévouement au prince. L'intrigue, une faveur soudaine les élève ; mais convaincus qu'ils seront en hostilité permanente avec la nation, ils doivent prévoir qu'ils ne pourront se maintenir que par la fraude, le dépit, l'irritation ; ils doivent sentir qu'ils ne se soutiendront qu'en trompant le monarque, en réclamant des moyens de compression extraordi-

naires pour refouler la vague grandissante de l'o-
pinion courroucée. N'est-ce donc pas là trahir la
confiance du trône, et l'exposer, s'il était possible, à des chances de périls plus ou moins im-
minents?

Qu'importe une telle perspective à l'ambition
heureuse; elle se fait de si étranges illusions! Ne
nous forgeons pas d'inutiles chimères, se sont dit
les fidèles de Coblentz; soyons ministres d'abord,
savourons un peu la joie du métier; faisons toujours, puis *advienne que pourra*. Comme si la
couronne était un avantage aussi éphémère qu'un
portefeuille; comme si le sort des monarchies
dans les gouvernements représentatifs, n'était pas
lié à l'opinion par les majorités qui font la loi.

Les hommes du 8 août sont usés pour la France
actuelle. Une génération d'hommes faits s'est
élevée entre la monarchie et les serviteurs exclu-
sifs de la royauté. On n'abolit pas des souvenirs,
et le ministère est un souvenir vivant de ce qui
n'est plus; son évocation au pouvoir est un mal
qui pourrait transformer de tristes regrets en indignation.

On veut être modéré, dit-on : pourquoi donc
avoir appelé au timon des affaires, tout ce qu'il
y avait de plus notable dans les fastes de l'exagé-

ration et de la violence? — Mais c'est qu'on veut être forts en même temps. — La force véritable est modérée parce qu'elle a le sentiment de ce qu'elle est ; elle n'a donc pas besoin d'être représentée par des gens à supplices, à proscriptions ; la force factice ne se fait sentir que par ses excès et ne peut être modérée. Vous voulez inspirer la confiance, ne choisissez pas des agents qui fassent peur ; vous voulez faire peur, ne visez point à attirer la confiance.

Les hommes du 8 août sont au pouvoir, chargés de la haine publique ; si leur modération est hypocrite, elle est odieuse ; si elle est sincère, elle est absurde. Ils se proposent, dit-on, de montrer de la mansuétude pour les intérêts matériels, de l'affabilité pour les individus, et de calmer ainsi l'opinion. Quoi qu'ils fassent, ils n'en inspireront pas moins d'aversion ; ils en recueilleront seulement un peu plus de dédains, c'est là l'inconvénient de noms auxquels se rattachent des souvenirs funestes aux libertés publiques.

Dans l'impossibilité de parvenir à son but par la violence, le ministère a pris le masque de l'hypocrisie afin d'obtenir des Chambres ce qu'il eût voulu leur arracher ; qu'elles votent les mesures qu'il désire, la faction se montrera à découvert.

Les vingt-cinq années qui séparent 1789 de 1814, avaient mis une distance de vingt-cinq siècles entre les deux époques. Hommes, choses, mœurs, arts, commerce, richesses, esprit public, tout était changé. La France avait ployé sous un poids immense de malheurs et de gloire; mais le ressort n'était pas brisé. Le feu sacré couvait encore, il reparut avec la restauration; mais les oppositions reparurent en même temps. Le pouvoir cède à la raison, les aristocraties ne cèdent rien; ainsi après quelques mois de lutte arriva le 20 mars. La seconde restauration mit deux Frances en présence, l'une qui rêvait le passé, l'autre qui brûlait de s'élancer dans l'avenir; on voulut comprimer celle-ci, l'on ne parvint qu'à l'irriter. La France nouvelle est trop forte, trop éclairée pour reculer vers l'ancien ordre de choses; que prétendent donc faire les hommes de cet ordre suranné?

Pour les jeunes hommes de la France nouvelle la vie politique a commencé au milieu des réactions. Le temps et l'espérance avaient calmé le souvenir des troubles qui avaient irrité leurs premières années. Les paisibles combats des élections succédant aux charges de cavalerie; l'accord de jour en jour plus intime des classes supérieures avec les classes moyennes ; la garantie mieux assurée de tous les intérêts, y compris ceux du trône; l'âge des sérieux calculs; tout contribuait à rallier autour de la Charte jusqu'aux théoriciens les plus absolus de la liberté populaire. Coblentz et Rome apparaissent de nouveau, ces existences à peine rassises se troublent de nouveau ; quelles chances la royauté pourrait-elle donc trouver à interposer de pareils fantômes entre elle et des sujets nombreux, forts et dévoués? En l'isolant au milieu d'un cercle de vieux émigrés décrépits et de prêtres fanatiques, la camarilla lui fournira-t-elle de l'or et des soldats ? donnera-t-elle plus d'éclat au trône ?

Hommes de Coblentz et de Rome, vos intrigues pour tromper le vœu national ont hâté la révolution; vos menées au dedans comme au dehors en ont exaspéré les idées, et ont poussé jusqu'au délire un mécontentement que la franchise eût appaisé ; vos réactions à l'intérieur ont alimenté toutes les passions, amené le régime affreux de la terreur, et prolongé la guerre civile; vos manœuvres à l'étranger, en ameutant l'Europe contre nous, ont justifié les conquêtes qui nous ont donné le despotisme; à votre retour vous avez recruté des bandes que l'alarme publique vous força de dissoudre ; vos tracasseries ont produit le retour de l'usurpation, et les suites funestes qui en furent la conséquence ; depuis vous n'avez agi que pour apporter le trouble dans l'État, et vous prétendez n'avoir rien fait, et vous voulez qu'on attende vos champions à l'œuvre avant de les conspuer !

Qu'on les attende à l'œuvre ! Leur premier soin n'a-t-il pas été de supprimer le ministère du commerce ? ne disait-on pas dans vos conciliabules après les ordonnances du 8 août et en apprenant le mécontentement d'une classe nombreuse et utile : « Vraiment, de quoi se plaint-on ? que » veulent ces boutiquiers ? Un ministère exprès » pour eux ? voyez l'insolence : un commis de » l'intérieur ne leur suffit plus. A-t-on interdit » leur commerce ? qu'ils vendent leurs marchan- » dises, cela est bien ; mais qu'un descendant » en ligne directe d'un prince souverain d'Au- » vergne aille s'occuper de sucre et de cannelle ? » fi ! l'horreur ! Allez, petites gens, vous êtes » bien insolents ou bien bêtes. »

Qu'on les attende à l'œuvre ! N'ont-ils pas annoncé leurs projets de rétablir le droit d'aînesse, de porter de nouvelles atteintes au principe électoral, de prolonger indéfiniment l'asservissement départemental et communal, de tout faire en faveur de la contre-révolution, de changer nos mœurs, nos habitudes en les assimilant, jusqu'à un certain degré, à celles des Anglais, de nous rendre le gouvernement par ordonnances?

Les attendre à l'œuvre! Ne nous ont-ils pas menacés de l'oubli de la foi jurée, de la violation des lois? N'ont-ils pas fait insulter les Chambres par leur organe officiel qui n'a pas craint de dire que la majorité actuelle n'était plus qu'un amas informe de brouillons, d'intrigants, de gens obérés, d'oisifs, et de mécontents de leur position?

Les attendre à l'œuvre! Les nominations d'hommes célèbres comme MM. Mangin, Trouvé, Locquart, ne sonnent-elles pas assez haut? l'érection des préfets et des procureurs-généraux en inquisiteurs politiques n'est-elle donc rien?

Les attendre à l'œuvre! Ne sont-ils pas parvenus à priver d'une auguste audience l'un des plus fidèles appuis de la royauté, M. de Châteaubriant? N'ont-ils pas rejeté sur une plage déserte où la famine les attendait, cinquante jeunes grecs rachetés de l'esclavage par les bienfaits du roi? N'ont-ils pas trompé le monarque en lui présentant de fausses listes des majorités parlementaires?

Les attendre à l'œuvre! N'ont-ils pas essayé de corrompre l'armée par des caresses? N'ont-ils pas laissé paisiblement Mgr. l'archevêque de Toulouse insulter à nos institutions par un mandement coupable?

Les attendre à l'œuvre ! L'ordonnance sur les boucheries de Paris est-elle donc légale? la convocation tardive du collége départemental de la Gironde n'est-elle donc pas une violation de la loi?

Si un ministère pareil pouvait durer, c'est alors qu'il faudrait dire aux fonctionnaires publics pour qui les emplois sont indispensables à la vie : Soyez Jésuites avant tout, votez sans conscience dans les élections, faites un éloge pompeux des ministres et de votre préfet, déclamez hautement contre la liberté civile, contre la presse, contre les factieux, contre les impies en Loyola si vous voulez manger vos émoluments en paix.

Mais la Chambre devant qui le ministère Villèle a été forcé de se retirer, n'adoptera point le ministère Polignac. La Chambre qui a reçu l'accusation de l'Hercule gascon; la Chambre qui a voté l'abolition de la censure; qui a retranché le crédit illicite de l'ex-garde des sceaux; qui a voté les subsides pour la guerre en Morée, se lèvera en masse contre l'orgueilleuse nullité du prince romain. La fatalité seule des noms des ministres jette dans l'opposition, comme dans un lieu d'asyle, tout ce qui tient à la dignité et au salut du royaume.

Ils ont osé se proclamer le bilan de la monarchie, les hommes du 8 août; ils ont osé dire que sans eux, après eux, la royauté demeurerait sans ressources. Généraux qui n'avez pas déserté la la veille d'une bataille; hommes d'État qui n'avez pas soutenu les rigueurs de 1815; grands seigneurs qui ne vous êtes pas faits Jésuites; magistrats qui n'êtes pas devenus ministériels serviles, legislateur en un mot, vous sauverez la France de pareils défenseurs. Leur apparition au pouvoir aura eu cela de bon, du moins, qu'elle aura organisé une immense opposition constitutionnelle où la couronne ne pourra s'empêcher de reconnaître ses plus sincères appuis. Alors il lui sera facile de comparer et de juger.

En vain les hommes du 8 août, cramponnés au poste éclatant qu'ils occupent, se bercent de l'espoir de s'y maintenir à la faveur de sourdes intrigues, et rêvent encore le retour d'un passé à jamais loin de nous; chaque minute qui rapproche l'ouverture des Chambres est pour eux ce que les sons lugubres de la cloche qui tinte le glas de la mort sont pour un Castillan qui attend le supplice de la garotte. Ils auraient voulu nous replonger dans la carrière sanglante des révolutions. Heureusement le sort de la France n'est pas en leur pouvoir. Les Chambres parleront, elles déposeront avec respect, au pied du trône, l'expression des craintes nationales. Le Roi saura; et sa main auguste, secouant la poussière des rênes qu'elle avait confiées à des pygmées, ils rentreront à jamais dans le néant politique d'où ils sont étonnés encore d'avoir pu sortir.

Dignes représentants de la France, le moment en est venu, les destinées de notre belle patrie doivent enfin être fixées d'après les bases immuables de notre contrat social. A vous est réservée la noble tâche de réclamer l'exécution franche et loyale de cette Charte objet de l'amour d'un peuple généreux. Vous saurez accomplir ce devoir sacré, et les nations, que votre exemple instruira à consolider leur bonheur, vous appelleront un jour les bienfaiteurs du monde. Vous enchaînerez les efforts d'une coterie avide et turbulente; vous imposerez pour jamais silence aux coupables désirs d'une faction égoïste; vous réduirez enfin la bassesse hypocrite à ramper inutilement au pied des trônes qu'elle voudrait isoler des peuples. C'est ainsi que vous assurerez sur le continent européen la prospérité future des masses que d'orgueilleuses prétentions semblent considérer comme jetées sur le globe pour les menus plaisirs d'un petit nombre de lâches courtisans.

Ce n'est point aux fidèles mandataires d'une grande nation qui ne demande qu'à se reposer des longues agitations qui l'ont tourmentée qu'il faut apprendre à quels malheurs serait exposée la France, si des mains impies pouvaient parvenir à déchirer les pages saintes de notre Évangile politique. Ce n'est point à eux qu'il faut redire que, depuis quinze années, Coblentz et Rome ne cessent de militer contre notre pacte social. La présence de leurs coryphées au timon des affaires, exprime assez les dangers qui nous menaceraient, si les intrigues d'une camarilla bigote et ignorante pouvaient impunément braver l'influence des majorités chargées de veiller à la conservation de nos droits.

Ils vous diront, ces hommes que la soif des honneurs, les intérêts de l'étranger, les mensonges officieux de la congrégation, les intrigues de courtisans avides ont poussés au pouvoir, ils vous diront que, loups devenus agneaux, ils ne songent désormais qu'à assurer le repos de la bergerie ; ils vous diront que, seuls au milieu de trente-deux millions de Français également chers à l'auguste héritier du sceptre et des vertus du bon Henri, ils possèdent l'affection d'un prince qui trouve du bonheur à se nommer le père de tous ses sujets ; ils vous diront qu'en les stigmatisant aux yeux de ce prince bien-aimé, vous en affligerez le cœur sensible. Qu'ils espèrent en vain surprendre votre équité en invoquant votre amour du monarque chéri dont la France bénit le nom. C'est en lui dévoilant avec respect combien la présence de ces hommes au pouvoir est préjudiciable à la tranquillité de l'État, que vous prouverez à la fois le dévouement des Français à la dynastie de Saint-Louis, et leur attachement invariable aux institutions qu'ils en ont reçues.

Que si, devenant traîtres à leurs devoirs, les hommes du 8 août osaient calomnier vos intentions loyales afin de se maintenir au pouvoir; qu'ils apprennent que la nation peut refuser de confier sa fortune en des mains infidèles. Ils vous menaceront d'une dissolution; mais ils se borneront à de vaines menaces; ils savent trop que le petit nombre d'adhérents qu'ils peuvent compter au palais Bourbon, seuls n'y reviendraient pas siéger.

Dignes représentants de la France, livrer le budget à des hommes dont les moindres pensées, les moindres paroles appellent une révolution tout entière, serait leur livrer la Charte et tout permettre à leur démence; vous n'y consentirez jamais. La royauté elle-même verra quelle est l'opinion du peuple, et reconnaîtra qu'elle ne doit pas soutenir un ministère menaçant, aux risques d'une rupture avec ses sujets. La plus grande gloire d'un prince n'est-elle pas d'être roi d'un peuple libre?

Coblentz et Rome, la camarilla crient en vain que la révolution nous déborde une seconde fois. La révolution? eh! dans quel but? Pour obtenir un contrat social que nous possédons? Le peuple ne peut avoir qu'une seule passion désormais, celle de rester dans la situation où la Charte l'a maintenu. Il n'y a de révolution possible que dans les perfides et maladroites frayeurs de la coterie. Que la France demeure paisible dans son attitude imposante : les brouillons dont l'aspect l'a effarouchée un moment, tomberont devant les majorités qu'ils ont insultées, et n'ébranleront même pas dans leur chûte une des marches du trône dont ils osent se faire un rempart. Les projets funestes de la coterie sont démasqués ; un regard auguste a sondé les perfides desseins de la camarilla; il faut qu'elle rentre dans le néant; l'intrigue est à bout.

VIVE LE ROI, VIVE LA CHARTE.